Pe. FLÁVIO CAVALCA DE CASTRO, C.Ss.R.

# À Beira das Estradas

DIREÇÃO EDITORIAL:
Pe. Fábio Evaristo R. Silva, C.Ss.R.

CONSELHO EDITORIAL:
Ferdinando Mancilio, C.Ss.R.
José Uilson Inácio Soares Júnior, C.Ss.R.
Mauro Vilela, C.Ss.R.
Marcelo da Rosa Magalhães, C.Ss.R.
Victor Hugo Lapenta, C.Ss.R.

COPIDESQUE:
Luana Galvão

REVISÃO:
Sofia Machado

DIAGRAMAÇÃO E CAPA:
Junior Santos

COORDENAÇÃO EDITORIAL:
Ana Lúcia de Castro Leite

Dados Internacionais de Catalogação na Publicação (CIP) de acordo com ISBD

---

C355b     Castro, Flávio Cavalca de

            À beira das estradas / Flávio Cavalca de Castro. - Aparecida, SP : Editora Santuário, 2019.
            104 p. ; 15cm x 21cm.

            Inclui índice.
            ISBN: 978-85-369-0595-2

            1. Cristianismo. I. Título.

2019-654                                                                            CDD 240
                                                                                     CDU 24

---

Elaborado por Vagner Rodolfo da Silva - CRB-8/9410

Índice para catálogo sistemático:
1. Cristianismo : Fé 240
2. Cristianismo : Fé 24

1ª impressão

Todos os direitos reservados à **EDITORA SANTUÁRIO** — 2019

Rua Padre Claro Monteiro, 342 — 12570-000 — Aparecida-SP
Tel.: 12 3104-2000 — Televendas: 0800 16 00 04
www.editorasantuario.com.br
vendas@editorasantuario.com.br

Há vários anos, ou até muitos,
na estrada da comunicação,
repassei alguns trechos,
recuperando alguns
sinais da passagem.
Mais para mim que para outros,
mais para ver o que aprendi na caminhada,
do que para ensinar.
Mais para guardar folhas escritas,
antes que o vento as espalhe ainda mais
para longe da beira da estrada.
Não há sequência lógica entre os
temas, porque na vida os dias não
seguem um roteiro.

# Sumário

1. À Beira da estrada ............................................. 7
2. A loucura de Deus ............................................ 11
3. À espera de presentes ....................................... 15
4. Natal de antigamente ........................................ 17
5. Natal apesar de tudo ......................................... 21
6. Natal de ninguém, natal de alguém ................. 23
7. A paz que procuramos ...................................... 25
8. Herodes morreu? ............................................... 29
9. A segunda-feira do ano .................................... 33
10. O desafio da Epifania ..................................... 35
11. A vontade do Pai ............................................. 39
12. Aequo pulsat pede .......................................... 41
13. Não gosto de cinzas ........................................ 43
14. Deixemos que nos lavem os pés .................... 45
15. Banalidades ..................................................... 47
16. Dia dos namorados ......................................... 51
17. Afonso de Ligório ........................................... 55
18. Ambiguidades ................................................. 57

19. Amor que ensina amar.................................. 59
20. À sombra das casuarinas ............................. 61
21. Armadilhas do poder .................................. 63
22. Os bem-aventurados que faltam .................... 67
23. "Brincando de Deus"................................... 69
24. Cercas de azaleia......................................... 71
25. Cordialidade à prova de água....................... 75
26. Deus Pai Misericordioso.............................. 77
27. Era preciso fazê-lo menor ............................ 81
28. Escolha bem os tomates................................ 85
29. Eucaristia no segundo século ....................... 89
30. Família, comunhão e participação ................ 93
31. Os Redentoristas ......................................... 95
32. O "grilo falante" de todos nós...................... 99
33. O ser e o fazer ............................................ 101

# 1
# À beira da estrada

Era um desses restaurantes de beira de estrada, onde param principalmente motoristas de caminhão. Mesas com toalhas enxadrezadas gastas, azeite de soja e vinagre sem marca para pratos feitos ou refeições comerciais. Talvez já tenha tido tempos melhores. Mas lugar tranquilo, não fosse um televisor a todo o volume.

Daí a pouco entram um rapaz e uma moça. Desses que viajam de carona. Grandes mochilas, tênis empoeirados, camiseta solta no corpo. Cabelos compridos, sem trato. O rapaz eu posso observar melhor. Alto, claro, magro, barbicha rala, certo ar de profeta não sei de quê. Largam as mochilas no chão. Sentam-se sem dizer palavra. Nem percebo quando chega o rapaz que atendia às mesas. Volto a olhar o casal empoeirado. E confesso que não me desperta simpatia. Você sabe como é a reação de quem se sente bem-comportado, normal. Temos sempre uma reação de desconfiança, antipatia, quando não de condenação. Esses rapazes e essas moças por aí a fora parecem como que sem rumo, brigados com a água e o pente, de carona, dormindo não se sabe onde.

Ali à mesa continuam em silêncio, olhar perdido, um ar de cansaço, de descrença, de desligamento. Por que será que não fazem alguma coisa de útil na vida? De repente me ocorre que talvez sejam estudantes e, até mesmo, trabalhem e estejam apenas aproveitando um dia de folga e viajando dentro de suas possibilidades. Mas isso não basta. Continuo na antipatia e duvido muito se lhes daria carona caso os visse à beira da estrada. Ainda continuam em silêncio e raramente seus olhares se encontram. Será que acreditam em alguma coisa? Não consigo imaginar o que pretendem.

O calor é forte, e pedimos uma cerveja para acompanhar o comercial. Esqueço um pouco dos vizinhos. Mal percebo quando uma garota traz uma garrafa de água e dois copos para a mesa do casal. Afinal, que estava esperando que pedissem? Volto ao comercial. Ao lado, um chofer de caminhão afasta a cadeira. Termina o almoço. De camiseta e bermuda, estica as pernas e começa a palitar os dentes. Não gosta do cafezinho, que pelo jeito deve ser infame. Agora vem vindo novamente o rapaz. Coloca dois pratos feitos diante do casal de caroneiros. Sabe como são esses pratos de beira de estrada: enormes e desorganizados. Será que a moça vai dar conta? E, nesse momento, acontece o que não espero. Não sei por quê, mas não espero. O rapaz, de cabelos compridos e embaraçados, de rosto pálido e barbicha rala, junta as mãos diante do rosto, inclina a cabeça, em uma atitude de reflexão e prece. Também a moça, de cabelos escorridos e camiseta solta no corpo, está de cabeça inclinada. As mãos também unidas diante dos olhos. É bem mais que o tempo necessário para rezar um Pai-nosso. O rosto emoldurado pela barbicha antipática é sério, digno, humano, de uma grandeza estranha. O rosto da moça, contra a luz que vem da janela, ganha um halo nos cabelos escorridos. Não sei sobre o que estão refletindo, não sei que prece estão fazendo. Mas não importa: celebram sua pobre refeição, seu prato feito, medido, calculado, racionado, sua garrafa de água. E eu me lembro de que esqueci de fazer o mesmo à mesa do restaurante de beira de estrada.

# 2
# A loucura de Deus

O fim de ano e todo o mês de dezembro são marcados pela festa de Natal. Ainda que não nos deixemos levar pelo consumismo e pela paganização das festividades, facilmente somos invadidos por um doce espiritualismo, por sentimentos que têm suas raízes na infância longínqua. Nem sempre nos deixamos tomar pelo espanto exigido pela data.

De uma maneira ou outra, todas as religiões adoram uma divindade; algumas chegam a centrar-se em um Deus único, criador, justo e misericordioso, que oferece à humanidade a salvação. Nossa fé cristã apresenta uma característica que a distingue profundamente das outras: nós acreditamos que Deus se encarnou, assumiu nosso modo de ser, viveu nossas limitações, sem querer fazer ou resolver tudo de modo divino. Essa fé escandaliza a muitos. Estariam até prontos a acreditar que um Deus viesse viver entre nós, mantendo uma aparência de humanidade e fragilidade, como tantas vezes contam os antigos mitos, mas sem que fosse realmente homem, nem assumisse nossas fragilidades, cansaço, dores e fome, menos ainda a fragilidade última da morte. Paulo, porém, é incisivo: "Ele tinha a condição divina, mas não se apegou a sua igualdade com Deus. Pelo contrário, aniquilou-se a si mesmo, assumindo a condição de servo e tornando-se semelhante aos homens. Assim, apresentando-se como simples homem, humilhou-se a si mesmo, tornando-se obediente até a morte, e morte de cruz! (Fl 2,6-8). Mas isso ainda não explica essa decisão divina, que muitos santos e teólogos qualificam de loucura.

É o mesmo Paulo que nos oferece uma primeira explicação: "De fato, vocês conhecem a generosidade de nosso Senhor Jesus Cristo; ele, embora fosse rico, tornou-se pobre por causa de vocês, para com sua pobreza enriquecer a vocês" (2Cor 8,9). Generosidade é amor, e amor explica tudo, até a loucura de um Deus. Os homens sempre acreditaram na justiça divina, por isso, tantas vezes, sua primeira preocupação foi aplacar a divindade com a riqueza ou a crueza dos sacrifícios. Só aos poucos foram assimilando a ideia de que éramos gratuitamente amados por um Deus, capaz também de amar, descobrindo assim, de certa forma, sua fraqueza. Santo Afonso de Ligório desenvolve essa mesma ideia de Paulo: "... o Pai eterno, dando-nos seu dileto Filho, para ser nosso Redentor, não podia proporcionar-nos mais poderosos motivos de confiança em sua misericórdia e de amor a sua infinita bondade: não podia com efeito dar-nos uma prova mais certa do desejo que tem de nosso bem, e do amor imenso que nos consagra, pois, que nos dando seu unigênito Filho, nada mais tem a dar" (Encarnação, Nascimento e Infância de Jesus Cristo, Med. III, I).

Há teólogos que nos apresentam um motivo para a encarnação de Deus, vendo nessa decisão divina o ponto central e mais alto de todo o agir divino da Trindade, que se volta para fora de si mesma, e quer partilhar com outros a felicidade do viver e do amar. Para eles a encarnação do Filho não é recurso desesperado para remediar os descaminhos do pecado humano. É a própria razão de ser da criação da humanidade, chamada, desde o começo, a partilhar da vida da Trindade, mas também a acolher entre seus filhos o próprio Filho. Na suprema e inimaginável partilha no amor que, como diz ainda o mesmo Santo Afonso, leva à doação e à procura da união mais íntima possível.

E não apenas a humanidade é vista em função da encarnação do Verbo, mas toda a criação. Tudo que existe, anjos e galáxias, infinidade de mundos imensamente maiores que o nosso, em um esbanjamento desmedido, formas de vida surpreendentes nos abismos dos oceanos, mistérios do terrivelmente grande e do angustiosamente pequeno. Tudo existe, tudo foi criado, e sua razão última de existir é criar o útero em que o Verbo se fizesse carne.

Prescrevia a antiga liturgia da missa, que, ao recitar o Credo, dobrássemos o joelho ao proclamar: encarnou-se no seio da Virgem Maria e fez-se homem. Diante do presépio, vamos abrir espaço entre as ternuras do sentimento, e vamos cair de joelhos diante do mistério. Diante do mistério tremendo de um Deus, que se fez homem, para que, de algum modo, também nós pudéssemos ser deus.

# 3
# À espera de presentes

As crianças estão alvoroçadas. Fizeram listas de presentes que esperavam, sonharam com os pedidos feitos, ou sofrem porque seus pedidos nem todos puderam ser atendidos. Afinal, os desejos criados pela publicidade vão muito além da capacidade da maioria.

É preciso confessar que somos como crianças. Natal, começo de ano, nossos corações se enchem de desejos. Geralmente, só às vezes, nossos desejos não são por brinquedos. São desejos, e muitos, que apresentamos a Deus. Às vezes, até fazemos listas, para não esquecer nada. Vivemos de desejos.

Por que não aproveitar a oportunidade e fazer uma revisão de nossos anseios e projetos, de nossas prioridades e necessidades? A lista poderá ficar menor, se nos concentramos no que de fato importa. E poderemos viver mais firmemente plantados na realidade, sem correr atrás de tantos sonhos vãos, que nos fazem chorar uma pobreza ilusória.

A lenda de São Nicolau, anterior à figura de Papai Noel, dizia que o velho bispo, envolto em sua ampla capa de brocado vermelho, passava pelas casas na noite de Natal. Para as crianças bem-comportadas deixava doces e brinquedos. Para as outras deixava apenas pedaços de carvão. Tenho a impressão de que continuamos vendo a Deus como um velho São Nicolau. Um bom velhinho que está sempre a recompensar com felicidades nosso bom comportamento. Por isso interpretamos como castigo trabalhos, preocupações, doenças e coisas assim. E, é claro, sempre acabamos pensando que não somos tão maus assim para merecer esses castigos. Temos sempre na ponta da língua a pergunta inevitável: "Que foi que eu fiz?"

Como crianças, se nossos desejos não são todos atendidos, dizemos que Deus não nos ama. Mas será que sabemos, de fato, quando somos mais amados por Deus? Talvez o problema seja que, muitas vezes, deixamos de desembrulhar os presentes mais valiosos.

# 4
# Natal de antigamente

Desde os primeiros tempos do cristianismo, era costume festejar o nascimento de Jesus. Mais ou menos a partir do ano 550, a festa do Natal começou a ser celebrada no dia 25 de dezembro. E essa festa foi sempre considerada como uma das mais importantes, justamente por relembrar a encarnação do Filho de Deus. Não demorou muito, e os cristãos perceberam que uma festa de tão grande importância devia ter uma preparação conveniente, do mesmo modo como a festa da Páscoa é preparada pela Quaresma.

La pelo ano de 500 e tanto, um bispo da França mandou que o Natal fosse preparado com um jejum de três dias por semana, a partir do dia de São Martinho, 11 de novembro. Essa preparação tinha o nome de "Quaresma de São Martinho". Aos poucos, o costume foi-se espalhando, com algumas variações de data. Chegou a Roma lá pelo ano de 600, mas sem o jejum: a preparação para o Natal era feita como uma alegre espera do nascimento do Salvador.

Como teremos oportunidade de ver, ainda hoje a preparação para o Natal conserva essa dupla ideia de penitência e de alegria: penitência de quem reconhece seu pecado e sua miséria, mas, ao mesmo tempo, se alegra com a salvação, que nos é trazida pelo Cristo, nosso irmão. Tanto que, na liturgia, muitas vezes as leituras falam da esperança cristã. O tempo que estamos vivendo chama-se "Advento".

Advento é a mesma coisa que "chegada", "vinda". Tempo do Advento é o tempo de preparação para a "Vinda do Senhor". Talvez aqui a gente pudesse perguntar: – Mas, por que essa festa para lembrar o nascimento de Jesus? Por que durante o ano a Igreja celebra tantas outras festas? Por que esses tempos de preparação para a Páscoa ou para o Natal?

Uma resposta muito simples seria esta: a igreja celebra essas festas pelo mesmo motivo que nos leva a celebrar as festas de aniversário de nascimento, de casamento e outras. Nós somos homens, criaturas que vivemos no dia a dia. Não podemos estar sempre chorando, nem sempre rezando, nem sempre trabalhando, nem sempre festejando. Não somos capazes de pensar em tudo ao mesmo tempo; não podemos sentir e viver tudo de uma vez. Por assim dizer, vamos bebendo a vida em pequenos goles.

Quando lemos um livro, vamos lendo uma página depois da outra, uma palavra depois da outra. Assim também em nossa vida religiosa. Temos tempos e dias especiais para ir vivendo e compreendendo cada vez mais a grande riqueza de vida cristã, que Deus nos deu.

Há ocasiões para nos lembrar de nossos pecados e pedir perdão; há outras para nos fazer pensar mais na bondade de Deus, que nos salva. Vamos relembrando aos poucos os fatos da vida de Jesus, aprendendo pouco a pouco o que ele nos ensinou, "treinando" de vagar a vida que ele nos deu para viver.

Agora estamos no tempo do Advento, procurando viver como quem reconhece sua fraqueza, espera a salvação, que vem de Deus, vive na esperança da salvação definitiva, da vida eterna, que Deus nos oferece em Cristo.

Temos três ideias importantes para esse tempo de preparação para o Natal:

– Somos filhos de uma humanidade pecadora, que não pode conseguir a felicidade por sua própria força. É só de Deus que pode vir a nossa salvação.

– Apesar de nossa maldade e de nossa fraqueza, Deus quer salvar-nos. Prometeu a salvação e cumpriu sua promessa mandando para nós seu próprio Filho feito homem. Jesus veio e está no meio de nós: ele é nossa salvação, nossa felicidade.

– Ainda não somos completamente felizes: a cada passo, podemos cair de novo na infelicidade do pecado, ainda estamos cercados de dificuldades e de sofrimento.

Vivemos ainda na esperança, na espera da felicidade completa e duradoura. Acreditamos em Jesus, esperamos o que ele nos prometeu. Sabemos que Jesus virá ainda uma segunda vez para nos dar a vitória completa sobre o pecado e a morte. Advento é tempo de penitência e de alegria: reconhecemos nossa fraqueza, mas temos a esperança.

# 5
# Natal apesar de tudo

Diante das notícias não muito animadoras que nos chegam de toda a parte, facilmente somos tentados a repetir o que já se disse tantas vezes: "Nunca as coisas estiveram assim, vivemos tempos calamitosos, ninguém sabe o que nos espera"... Até parece que alguns não querem de modo algum que desfrutemos de alguma alegria, como se não fosse permitido sorrir ainda, apesar de tudo; como se fosse proibido ser feliz, apesar de tudo; como se fosse uma vergonha continuar tendo esperança, apesar de tudo.

Certo. Sem dúvida alguma, ainda há muita injustiça, muita maldade, muita escravidão, muito ódio, muita cobiça, muito orgulho, muito pecado. Mas em nada estaremos ajudando a melhorar o mundo com nossa tristeza, nosso pessimismo, nossa recusa diante da alegria sempre possível para quem acredita no Cristo. Já era tempo de sabermos que nossa alegria não é a alegria fácil e inconsciente, alimentada por nulidades, baseada nas coisas e nas aparências. Já era tempo de sabermos que nossa alegria se baseia na fé e na esperança.

É impossível acreditar em Cristo e, ao mesmo tempo, não acreditar que, apesar de tudo, o mundo de hoje é bem melhor que o mundo do passado, e mal nos deixa imaginar o que será o mundo no futuro. Se acreditamos que o Cristo é a força de Deus, que salva, força sempre presente e atuante na humanidade, não podemos acreditar que ele esteja falhando, por maior que seja o peso de nossa inércia maldosa. Diante do desânimo triste, que ameaça tomar conta de nós, até poderíamos pensar que estamos esperando que o homem se salve por sua própria força, e não pelo poder de Cristo.

Se nos dizem que não devemos fazer deste Natal uma simples festa de inconscientes, cegos e surdos, tudo bem. Se nos convidam a celebrar o nascimento de Cristo, sem desconhecer os sofrimentos de tantos irmãos nossos, tudo bem. Se nos convidam a não esbanjar o que falta a tantos sem trabalho, sem casa, sem comida, sem saúde, sem escola e sem tanta outra coisa, tudo bem. Nada bem, no entanto, se, apesar de tudo isso, não nos sobrasse a alegria do Natal, da festa do nascimento do Cristo Salvador, que nos ensinou que somos filhos de Deus e irmãos uns dos outros, que o bem, a verdade e a justiça acabarão vencendo, apesar de tudo.

# 6
# Natal de ninguém, natal de alguém

Para o dia de Natal, um jornal (O Estado de São Paulo) pediu a "um seleto grupo de 13 poetas contemporâneos brasileiros" poemas alusivos ao dia e ao fim de ano. Percorri os 13 poemas. Não discuto seu valor, inspiração ou beleza. Apenas falo de meu espanto ao neles nada encontrar de Natal, pois, pelo menos, eu de Natal nada encontrei. Ou quase nada. Apenas um menciona:

"um menino
filho de carpinteiro
a quem busco
no rastro dos mísseis
na dor das calçadas
na noite indiferente".

E não tem medo de falar em Natal, e termina dizendo o que vejo com a prece:

> "É Natal.
> Dá-nos, menino,
> ao menos esta noite
> a tua mão".
> (Fernando Moreira Salles)

Mas há sempre uma segunda leitura. E pude, então, ler, como que em negativo, em côncavo, em falta, em precisão e anseio – inconscientes talvez –, mensagens de Natal. Quase sempre – ou sempre talvez –, falam os poetas de transitoriedade, frustração, procura insatisfeita, desilusão, espera, de um não-sei-o-que-me-falta. De uma maneira ou de outra, falam de um berço vazio, onde faz falta "essa anunciadíssima criança", do poema de Paulo Henrique Britto que de qualquer modo será indispensável,

> "desde que seja nossa, e na medida
> exata do desejo, nem maior
> nem mais funda que a precisa ferida
> que para preencher foi ela concebida".

Por falar nisso, como foi seu Natal?

# 7
# A paz que procuramos

Praticamente todos estamos sentindo no ar certa preocupação geral, certo ar de medo e de incerteza. Imitando a Bíblia, podemos dizer que vivem falando de paz, mas não existe paz; prometem justiça, mas não se vê a justiça. O que vemos, não só por aqui, é violência, opressão, desconfiança, ameaças. Parece oportuno, pois, recordar algumas tomadas de posição da Igreja; tomadas de posição com as quais estamos comprometidos se somos Igreja.

Ainda em 1965, o Concílio Vaticano II ensinava: "A paz não é simplesmente a ausência de guerra; não é apenas o equilíbrio de forças entre os adversários. A paz não se consegue com a opressão violenta. A Paz verdadeira é 'obra da justiça'. A paz é consequência da ordem que Deus previu para a sociedade humana. A paz deve ser obra progressiva dos homens que têm sede da justiça... a paz deve ser continuamente construída". A paz deve ser conquistada por nós homens, fracos e pecadores. "Portanto, a paz exige de cada um de nós um constante domínio das paixões e uma vigilância atenta da autoridade legítima."

E mais. Não é possível conseguir a paz nesta terra sem que se garanta o bem-estar das pessoas; sem que as pessoas comuniquem entre si as riquezas do coração e da inteligência. Para a construção da paz é indispensável a vontade séria de respeitar os outros homens e os outros povos, reconhecendo sua dignidade. Para a paz é indispensável que se pratique esforçadamente a fraternidade. "A paz é, portanto, fruto também do amor; do amor que vai além dos limites daquilo que a justiça é capaz de proporcionar."

E não podemos esquecer: "essa paz na terra... é possível enquanto resultado da paz que o Cristo nos trouxe; resultado da paz que nos vem de Deus Pai". É isso. Por nossa própria decisão, por nosso próprio esforço, não podemos conseguir a paz, não podemos viver a paz, não podemos espalhar a paz. Os homens não podem viver em paz entre si sem viver em paz com Deus.

Como cristãos, que acreditam nessas coisas, "só temos de aplaudir calorosamente aqueles que, para reivindicar seus direitos, renunciam ao emprego da violência e recorrem aos meios de defesa. Meios que aliás estão ao alcance também dos mais fracos, contanto que isso seja viável sem lesar os direitos e as obrigações de outros ou da própria comunidade".

Parece mesmo que o que está faltando para nós é a paz. A verdadeira. A que nasce da justiça; a que é construída pelo amor, o verdadeiro. Da força, nascem apenas a opressão, o medo, a revolta. A bomba sobre a qual estamos.

# 8
# Herodes morreu?

Vou deixar aos especialistas o trabalho de fazer a crítica histórica das narrativas que Mateus nos dá sobre a infância de Jesus. Entre elas, o massacre das crianças, matança ordenada por Herodes. Seja lá como for, Mateus escreveu para nos transmitir uma ideia. Por que nos conta essa proeza política do velho rei desbragado? Razões haveria de sobra e não seria possível apresentar todas.

Herodes não era judeu. Seu pai já tinha sido um fiel e capacho servidor do imperialismo romano. Herodes queria nada menos do que ser rei dos judeus, sem ter nenhum direito para isso. É claro que não procurou ser escolhido pelo povo. Nem pensou que isso fosse possível. Procurou os romanos, os invasores imperialistas, e colocou-se a seu serviço. No ano 37 a.C., o senado romano fez dele rei da Judeia. No mesmo ano, apoiado pelo exército invasor, Herodes conquistou Jerusalém a ferro e fogo. Foi tão pouco aceito pelo povo, que os velhos rabinos o consideraram um castigo decretado por Deus. Herodes, se não conseguia o apoio do povo, continuava contando com o apoio do exército romano e dos mercenários de sua polícia. Ah! Sim. Distribuindo favores a quem não exigia muito para se vender, conseguiu também o apoio de gente que passou a ser importante. Foi político esperto.

Espalhou por toda parte fortalezas muito bem construídas e muito bem guardadas por soldados vindos de fora. Construiu teatros e estádios, porque pelo menos isso tinha aprendido com seus amigos romanos: dando pão e circo para o povo, de vez em quando se consegue que ele não pense. Herodes não era religioso, mas sendo esperto político tratou também de construir para Javé um novo Templo em Jerusalém. E para mais bem se garantir, espalhou pelo país vários outros templos para deuses pagãos. Os judeus tiveram de aguentar por trinta e três anos essa desgraça de rei.

Agora me diga: não era para Herodes ficar apavorado quando ouviu dizer que tinha nascido o Messias, o rei prometido para a salvação do povo? Ele confiava, sim, nos romanos. Mas nem tanto, a ponto de imaginar que eles o pudessem garantir contra o povo reunido em volta de um rei reconhecido como o salvador, enviado por Deus. É claro que não era tão ingênuo.

E Mateus conta que Herodes, não conseguindo dar um jeito com a espertéza, tentando tapear os bons magos do oriente, apelou para a violência. Mandou matar, em Belém e seus arredores, todos os meninos com menos de dois anos. Depois que Herodes morreu, segundo o mesmo Mateus, seu filho Arquelau não era melhor. Fico até duvidando se o evangelista não deixa uma pergunta no ar: "Herodes morreu?"

# 9
# A segunda-feira do ano

O dia 2 de janeiro é a "segunda-feira-do-ano", com todas as qualidades e todos os defeitos. Segunda-feira brava. Segunda-feira dura. Segunda-feira de ressaca. Ressaca, no bom sentido, das ondas que depois de ter avançado pela praia voltam e encontram a resistência das novas ondas que chegam. Segunda-feira do recomeço lento depois da modorra. Segunda-feira brava, mas esperada, porque tantas coisas ficaram em suspenso; segunda-feira nova, de forças renovadas, do novo avanço. O dia 2 de janeiro é a segunda-feira-do--ano. E o jeito é enfrentá-lo como se apresenta.

Na Itália e em outros países, há um costume. À meia noite, à hora da passagem do ano, joga-se pela janela tudo de velho e de imprestável que se encontra nas casas. Pratos trincados e garrafas vazias, velhos baús, cadeiras capengas, trastes e trens. Não me pergunte como ficam as ruas, nem se preocupe com a cabeça dos descuidados que passam. Veja apenas o que há por detrás desse costume barulhento. Renovação. Começar tudo de novo. Jogar pela janela as preocupações e os problemas não resolvidos. Não para fingir que se findaram, mas para enfrentá-los de modo novo e de cabeça mais fresca. Limpar a área. Simplificar. Ficar somente com o que realmente importa.

Se na passagem de ano você não o fez, aproveite o dia de hoje para essa limpeza da renovação. Jogue pelas janelas ressentimentos e mal-entendidos. As amarguras, as picuinhas, ódios e inimizades. Trastes velhos e imprestáveis. Para usar linguagem de Paulo apóstolo, jogue fora, jogue logo, o quanto antes, as roupas do "velho homem", do homem que vive segundo os instintos. Jogue fora para vestir-se com o "novo homem", o que vive segundo o espírito de Deus, o espírito da vida nova, da fraternidade e da esperança. Jogue pela janela, para que se espatifem, os velhos potes encardidos dos desânimos e dos projetos não realizados até agora. E, já que vai ter de jogar tanta coisa pela janela, viva de janelas abertas. Abertas largamente para Deus, para os irmãos e para as coisas belas, que nos rodeiam, para o sol e o vento, que purificam.

# 10
# O desafio da Epifania

Nosso povo ainda continua celebrando no dia 6 de janeiro a Festa dos Reis. Uma festa que sempre teve um lugar de importância nas celebrações da Igreja. A chamada festa da Epifania, isto é, a festa da Manifestação de Jesus como salvador de todos os povos e não apenas dos judeus. Mateus, em seu segundo capítulo, fala vagamente de magos ou sábios "vindos do oriente", isto é, das regiões longínquas, desconhecidas e pagãs. A tradição chama-os de reis, e chega mesmo a dar-lhes nomes: Gaspar, Melquior e Baltazar. Mateus é bem menos preciso. Não diz quantos eram e muito menos diz que eram reis; apenas sábios ou magos, que trouxeram ouro, incenso e mirra. Sua preocupação é mostrar como Jesus, nascido na Palestina, é o salvador para todos os homens, superando todas as barreiras imagináveis.

Se o importante no texto de Mateus é seu significado e se a presença de Cristo em nosso mundo continua sendo uma realidade sempre atual, gostaria de imaginar como alguns "magos modernos" tentariam compreender a missão dessa criança nascida em Belém.

Com todo o respeito, imagino um primeiro mago chegando com ares misteriosos e oferecendo a Jesus, para ajudá-lo a salvar o mundo, os últimos produtos da técnica militar. Inclusive um "sistema de guerra nas estrelas", devidamente embrulhado em um plano de domínio mundial, baseado no medo, no equilíbrio do medo. Outro mago, estadista sul-americano, devidamente doutrinado no Norte, entrega a José uma longa e clara exposição sobre a teoria da segurança nacional, a globalização e mais um plano detalhado de arquivos e controles, para que nada escape ao conhecimento do novo rei salvador. É claro. Antes que me esqueça, lá está também o representante dos xeiques e magnatas do petróleo. É taxativo: o novo reino estará solidamente garantido desde que um tratado seja feito com os donos dos petrodólares. Há também um mago sinistro, duro e perito na arte dos atentados terroristas, dos sequestros e das chantagens. Mais um, de fala mansa, persuasivo, aparentemente descompromissado. Vem em nome das grandes redes de comunicação. Apresenta planos minuciosos de uma grande campanha para vender a imagem do rei Jesus.

Por muito tempo, continuo ainda imaginando muitos e muitos reis magos modernos comparecendo ao presépio. De repente, tenho a impressão de estar desfigurando a ideia de Mateus. Mas então me lembro que, um pouco mais adiante, no capítulo quarto de seu evangelho, ele fala das tentações de Jesus no deserto: "Se é o filho de Deus, manda que estas pedras se transformem em pão... Se és o Filho de Deus, lança-te daqui para baixo... Tudo isso te darei se me adorares..."

É isso. O episódio da visita dos sábios do oriente e o episódio da tentação no deserto são as duas faces de uma mesma realidade. A história sempre atual do homem que aceita ou recusa os desconcertantes planos de Deus para nossa salvação.

# 11
## A vontade do Pai

Os evangelistas não traçam uma figura heroica de Jesus. Não têm medo de mostrar que de fato era gente como nós. Os criadores de mitos sempre fizeram o contrário; capricharam no dourado, nas luzes, nas manifestações espetaculares de deuses, que fingiam ser homens e mulheres, ou de homens e mulheres que, libertados de sua humanidade incômoda, eram divinizados. Na agonia no Monte das Oliveiras, temos plena manifestação da humanidade de Jesus. Aliás, agonia significa luta, combate da vida diante da morte. Percebendo que tinha chegado a um momento decisivo de sua vida, tudo que havia de humano nele luta contra o medo, a desilusão, o fracasso, a injustiça, a dor, a morte vergonhosa. É uma vitória de Jesus, gente como nós, chegar afinal à decisão: "Pai, não se faça a minha vontade, mas a tua".

Faça-se a vontade do Pai. Há os que entendem que a vontade do Pai era o sofrimento e a morte do Filho

Encarnado para a redenção, o resgate de todos nós. Pela grandeza do pecado e da ofensa, o sacrifício expiatório, o horror da morte por aqueles que, tendo pecado, mereciam a pena de morte.

Há os que entendem que a vontade do Pai era a vida em plenitude do Filho feito homem: vivendo plenamente a vida humana, com seu poder de Filho e Senhor, é que nos deveria unir a si, levando-nos da morte para a vida. Para que tivéssemos vida, o Pai queria que Jesus vivesse sua vida humana em plenitude. Entre tantas outras realidades humanas, essa plenitude de vida exigia que Jesus vivesse plenamente a entrega nas mãos do Pai, a dedicação fraterna total ao bem de cada homem e de cada mulher. Exigia que vivesse até as últimas consequências a fidelidade às propostas de vida que anunciava, que aceitasse plenamente a realidade humana sem procurar os atalhos do maravilhoso, que renunciasse totalmente ao uso da força, do poder, do prestígio e da riqueza. Essa plenitude de vida, que o Pai queria que seu Filho Encarnado vivesse, incluía também que ele vivesse plenamente sua morte, como qualquer um de nós a tem de enfrentar, em todas as suas dolorosas e humilhantes circunstâncias. O Pai queria que o Filho Encarnado, Jesus, vivesse plenamente sua vida até a morte vivida como momento supremo de amor, de entrega, de obediência filial, não de medo, nem de revolta, nem de derrota.

# 12
# Aequo pulsat pede

A doença, sob todas as suas formas, há muito que faz parte da experiência da humanidade. Nos tempos mais remotos, os homens procuraram, no poder de maus espíritos, uma explicação para seus males. (Antes de se perguntar como puderam se contentar com essa explicação mágica das doenças, lembre-se de que, ainda hoje, muita gente acredita em horóscopos e coisas semelhantes.) Se hoje em dia temos ideias mais claras sobre as causas das doenças, se sabemos apontar causas físicas e mentais, nem por isso mudou fundamentalmente a questão. A doença continua sendo um desafio para nós, para nosso posicionamento pessoal. Desafio que persiste mesmo nas melhores condições sanitárias que possamos imaginar. Pois, mesmo no melhor dos mundos que possamos criar, a decadência física, com todas as suas consequências, continua sendo inseparável de nossa condição humana.

No livro do profeta Isaías, encontramos os lamentos do rei Ezequias confrontado com a doença: "Ainda no meio dos meus dias, já vou indo para as portas da morte, que me roubará o resto de meus anos. Não mais verei Javé na terra dos vivos, nem mais verei alguém, nenhum dos habitantes do mundo. Como uma tenda de pastores, minha tenda está sendo arrancada e jogada para longe de mim. Minha vida está sendo retirada do tear, como quando se corta a trama de um tecido não terminado. Do dia para a noite, acabas comigo... estou desamparado como a andorinha, e lamento-me como a pomba... que posso dizer?"

Diziam os antigos que a doença e a morte batem igualmente à porta do rico e do pobre (*aequo pulsat pede*). E todos chegamos, mais ou menos vezes, mais cedo ou mais tarde, a nossa hora da verdade, ou à hora de nossa verdade, quando temos de avaliar o sentido de nossa vida, os valores que procuramos, o por que vivemos. Talvez não seja muito agradável pensar nisso, mas é indispensável. Ou o fazemos agora, ou seremos tomados de improviso, quando será mais difícil e haverá pouco a fazer. Juventude, força, saúde, beleza são valores, não há dúvida, mas são frágeis e passam. Passam quase sem nos darmos conta.

Não, eu não estou passando por uma crise de pessimismo. Estou apenas sendo realista, e lembrando para mim mesmo que ou encontro para minha vida um sentido que pague a pena, ou não paga a pena o viver.

# 13
# Não gosto de cinzas

"Lembra-te que és pó e ao pó voltarás." São palavras antigas, frase tradicional, mas mesmo assim não me sinto bem. Não acredito que Deus se sinta honrado quando digo: — "Senhor, vós me criastes, mas não fizestes grande coisa: sou apenas pó". Não é assim que leio no Salmo 8: "E do homem vós vos lembrais... vós o fizestes pouco menor que os anjos, de glória e esplendor o coroastes!" Não, Senhor, não me fizestes pó. Este meu corpo material pode voltar a terra. Podem apagar-se as estrelas todas, pode o universo rasgar-se como tecido gasto. Mas eu não voltarei ao pó, pois me fizestes para a eternidade.

Bem sei que o "lembra-te que és pó" não quer negar nada disso. Mas, à primeira vista, é difícil não refugar. Que se deixe claro, pois, neste início de Quaresma, que, bem porque não somos pó, não nos podemos agarrar ao pó, às coisas que passam, às circunstâncias que fluem, aos prazeres que duram minutos, a um viver que não é o definitivo. Que as cinzas litúrgicas não me façam esquecer que sou eterno, mas me ajudem a saber que, se me apego ao transitório, no fim terei apenas as mãos acinzentadas, sem nem mesmo as cinzas que se foram por entre os dedos.

Não gosto de cinzas, não vou guardá-las, vou cavar o campo desta Quaresma à procura do tesouro que paga a pena (Mt 13,44).

# 14
# Deixemos que nos lavem os pés

Hoje é Sexta-feira Santa, mas ainda tenho nos ouvidos uma frase do evangelho de ontem. Jesus disse a Pedro: "Se eu não te lavar os pés, não terás parte comigo", ou, em nosso modo de falar: "Se eu não te lavar os pés, não poderás continuar comigo". Confesso que mais de uma vez essas palavras me perturbaram e continuam intrigando. Por que Pedro não poderá continuar sendo de Cristo, se não permitir que lhe lave os pés?

Enquanto se realizava a cerimônia do Lava-pés, andei pensando e cheguei a uma conclusão que por enquanto me satisfaz. Jesus não estava fazendo um gesto simbólico apenas. Estava prestando um serviço humilde a seus discípulos. De fato, estava lavando-lhes os pés empoeirados e sujos por um dia todo nas ruelas de Jerusalém. Estava mostrando que amar é servir, é prestar o serviço necessário no momento exato, é fazer o que é preciso, sem discutir nem negociar, sem levar em conta postos e hierarquias. Aliás, isso fica bem claro nas palavras seguintes do Mestre.

Se Jesus tivesse dito a Pedro: "Se não lavares os pés de teus irmãos, não poderás continuar comigo", estaria tudo claro. Mas, o que diz é: "Se não permitires que te preste um serviço, não poderás continuar comigo". Foi então que percebi que também essa frase é muito clara, e talvez até mais exigente que a anterior. Não basta servir, é preciso também aceitar o serviço que nos é prestado pelo amor, pela caridade dos outros. Não basta amar: é preciso aceitar ser amado.

Pode haver amor, e grande, no serviço desinteressado, na autoridade exercida não como poder, mas como serviço, na entrega total pelo bem dos outros. É verdade. Mas também é preciso amor grande e muito humilde para aceitar nossa dependência diante do próprio Cristo, e mais ainda diante de cada um dos irmãos que nos amam e de cujo amor dependemos. E não sei se o amor maior é necessário para servir, ou para aceitar ser servido. Mas sei que, se eu não permitir que o Cristo me lave os pés, que me ame e morra por mim, se não aceitar que o faça por meio de meus irmãos, não poderei continuar com ele.

## 15

## Banalidades

Em um de seus livros, L. Boff examina as causas e as implicações de fatores humanos que levaram à condenação de Jesus. Inicialmente, afirma que a morte de Jesus "Não foi o fruto de 'uma maquinação sádica' nem de um mal-entendido jurídico". Fundamentalmente, Jesus morreu porque encontrou homens fechados totalmente em si mesmos, presos a certo tipo de fanatismo tradicionalista. Fanatismo político, religioso e social. Homens que, a todo o custo, procuravam segurança em uma ordem estabelecida, considerada como imutável e de valor absoluto. Homens até certo ponto imbuídos da maior boa vontade.

A análise do autor chega a uma frase final amarga, triste, inquietadora. Ele escreve: "todas essas banalidades, que nem constituem graves crimes, motivaram a liquidação de Jesus". Banalidades que, em si, nem podem ser consideradas crimes. Já imaginou isso?

Banalidades, decisões, palavras, atitudes, cochichos, meias-boas-intenções, sacudir de ombros, comentários irônicos, susceptibilidades, escândalos piedosos, à primeira vista nada de mais grave. E, no entanto, a consequência é de uma seriedade trágica: a condenação, a liquidação de Jesus, o justo.

Eu nunca tinha pensado exatamente desse modo. Como eu, talvez você também já esteja acostumado a olhar para o drama de Jesus de uma forma bastante fria, como se tudo fosse apenas o resultado de uma decisão eterna de Deus, uma fatalidade, como se nessa história, que já ouvimos tantas vezes, não tivesse entrado a decisão de homens. Jesus morreu para nos salvar: sacrificou-se por nós. Admiramos possivelmente seu heroísmo e sua bondade. Mas esquecemos que foi em um dia, em uma hora, em um instante que uma banalidade se somou a outras mil banalidades. E mil banalidades acabaram erguendo a cruz para um inocente. E os responsáveis, sem se darem conta do que tinham feito, voltaram para casa, ao encontro da mulher, foram acariciar os filhos e comer a ceia de Páscoa.

Banalidades que continuam sendo nossas estreitezas de vista, nossos descasos, nossas ironias, certezas, tranquilidades, nossos zelos que continuam condenando e crucificando inocentes e meio inocentes. Mas que são irmãos nossos, com os quais Cristo se identifica. Com isso dormimos tranquilos, porque não somos os grandes culpados. Grandes culpados, aliás, que nunca existem, porque nossa história humana é feita de pequenas misérias, pequenas traições, pequenas banalidades. Seria até um alívio se pudéssemos apontar com o dedo em riste um grande culpado, esquecendo que é tão pequeno culpado quanto nós. O autor tem razão. Banalidades, que nem constituem graves crimes, motivaram a liquidação de Jesus. De Jesus, de Antônio, de Geni, de Célia, de... irmãs e irmãos nossos.

# 16
# Dia dos namorados

Doze de junho, dia dos namorados. Porque amanhã é a festa de Santo Antônio casamenteiro, como um bom e velho tio, prudente e compreensivo, que, por ter escolhido o celibato, compreendeu bastante bem a grandeza bela do amor. Hoje é dia dos namorados, também porque aos comerciantes é sempre interessante um reforço nas vendas em um meio de ano um pouco parado. Pois é. Hoje, desde cedo, eu estava pensando no que lhe poderia dizer, a você que está namorando, a você que já namorou, a você que sonha namorar. Como Antônio de Pádua ou de Lisboa, disputado entre a cidade que o viu nascer e a que o viu morrer, tenho de falar de amor, mesmo sendo celibatário.

Desde cedo, estava pensando, ou tentando pensar, e acabei levado pela imaginação e pela lembrança, à procura não tanto de uma ideia quanto de uma imagem, que, mais fortemente que uma ideia, desse ideia da beleza grande do amor neste dia dos namorados. Cenas vistas, confidências ouvidas, palavras de novos e antigos poetas, romances desde os tempos dos romanceiros até modernos, cenas de filmes vistos e revistos agora em uma sucessão rápida de quadros, canções de menestréis medievais e eletrônicos, o amor nos olhos da moça que sorri para ele que vem chegando ao portãozinho daquela velha casa já nem sei onde, a pracinha do interior à noite, com o circular dos pares no círculo interno, e fora o circular mais rápido dos pares ainda não formados, os namoros de Ipanema agora jogados para todas as antenas; tudo rápido, fugidio. Mas a ideia, ou pelo menos a imagem, não encontrava.

Até que, de repente, assim sem mais nem menos, revi a cena. Era em uma festa de bodas, bodas de cinquenta anos de casamento. A família grande reunida na sala pequena, o bolo enfeitado, bem maior que cinquenta anos atrás, um enxame de crianças a criar confusão. Chegou o momento central da liturgia simples: o corte do bolo. Duas mãos que em cinquenta anos chegaram ao sincronismo de um mesmo coração. Palmas. Ele e ela se voltam um para o outro, para o abraço e o beijo e, em um momento, em um instante que condensa tantos anos, eles se olham, olhos nos olhos, sorriso nos lábios, reflexos de prata nos cabelos. Um instante em que parece não contar o tempo, em que vivem o amor de todo um tempo. Não havia dúvida, eram um casal de namorados, em um namoro de cinquenta anos. Não disseram nada, nem era preciso. Amavam como se tinham amado, quando ainda o doze de junho não era para eles o dia dos namorados.

# 17
# Afonso de Ligório

Quarta-feira, primeiro de agosto de 1787, quando os sinos soavam o Ângelus ao meio-dia, morria Afonso de Ligório. Aos noventa anos e dez meses, descansava quem não sei como mais adequadamente chamar: padre, bispo, lutador, poeta, teólogo, santo. Talvez essa seja a palavra melhor para definir quem tinha sempre colocado em primeiro lugar Deus e os irmãos.

Não seria fácil colocar noventa anos (1696-1787) em poucas palavras. Afonso de Ligório, já aos dezesseis anos, conseguiu o título de doutor em direito civil e eclesiástico. Advogado brilhante, abandonou a carreira para ser ordenado padre aos trinta anos. Filho de família bem situada econômica e socialmente, deixou o que poderia ser uma vida tranquila: foi procurar os lazzaroni de Nápoles, os pobres, enjeitados e marginais da bela capital. Deu início, já naquele tempo, ao que se poderia chamar um trabalho com comunidades de base, despertando suspeitas, claro.

Por uma dessas circunstâncias que só depois se demonstram planejadas por Deus, foi para as montanhas de Amalfi à procura de algum descanso. Ali encontrou os pastores, os cabreiros dos montes, ignorantes, abandonados pela Igreja das cidades. Foi nesse encontro que Afonso ouviu o chamado que deu rumo definitivo a sua vida: anunciar o evangelho aos abandonados, aos marginalizados, aos pobres. Dois anos depois, em 1732, reuniu um grupo de padres e de leigos dispostos a fazer o mesmo apostolado: nascia a congregação dos missionários redentoristas.

Afonso, esse homem que tinha prometido a Deus não perder um instante de seu tempo, por isso encontrou tempo para escrever cento e dez livros. Desde os solenes volumes da mais alta Teologia Moral até livretos da catequese mais simples. Foi um escritor de sucesso: uma de suas obras já teve mais de duas mil edições e continua sendo publicada. Missionário popular, bispo renovador, músico, poeta, pintor, arquiteto. Uma vida bem vivida em noventa anos.

Hoje ainda, em todo o mundo, os missionários redentoristas, por ele fundados e inspirados, tentam continuar a seu jeito a evangelização por todos os meios a seu alcance.

# 18
# Ambiguidades

Uma revista, ao falar da guerra insana entre Israel e Líbano, traz uma fotografia que me deixou sem saber o que pensar. Diante de projéteis de canhão ou bombas, não sei, está uma menina israelense (assim diz a legenda), com seus seis ou sete anos. Está desenhando ou escrevendo alguma coisa nos projéteis. Senti-me atingido, inquietado, sem saber o que pensar.

A foto é um desses instantâneos, captados ao acaso por fotógrafos atentos a tudo a seu redor? Mas talvez tenha sido uma cena preparada e montada, com a objetiva no ângulo certo, a luz controlada, com um significado específico e intencional. Gostaria de saber como de fato a foto foi feita.

Vamos supor que a foto é um instantâneo, que a menina nem imaginava que estava sendo fotografada. Que estaria ela escrevendo ou desenhando naquelas bombas? Crianças de mãos dadas, brincando de roda? Uma pomba? Um cachorrinho? Seu nome? Uma mensagem de paz para as crianças libanesas? Uma mensagem de ódio e de vingança? Que lhe passava pela cabeça e, mais ainda, pelo coração, ao desenhar ou escrever naqueles projéteis de morte e destruição?

E se a foto foi preparada, se a menina foi ali colocada para montar uma cena, se por trás da objetiva estava um adulto querendo transmitir uma mensagem? Que mensagem seria essa?

Poderia ser uma antítese forte entre a dureza das bombas e a inocência infantil, entre as razões dos senhores da guerra e os anseios de paz dos civis, que ninguém leva em conta, poderia ser... Poderia ser uma mensagem de ódio: – Em nome de nossas crianças, malditos sejam vocês, que a dor e a morte caiam sobre vocês, que sejam destruídos... Poderia ser uma mensagem para as crianças de Israel ou do Líbano, ou do mundo: – Pouco importa o que vocês desejam; ainda que mandem mensagens infantis de paz, não conseguirão mudar o mundo adulto, onde o que decide é nosso poder. Ou, quem sabe, a mensagem poderia ainda ser pior: – Crianças, odeiem! Matem! Destruam! O amor é mentira, e a paz uma ilusão!

Desculpe. Não encontrei respostas. Apenas perguntas que ainda me inquietam depois de muito tempo.

# 19
# Amor que ensina amar

Santo Agostinho, comentando o Salmo 109, concretiza, e bem, o que em geral dizemos com a palavra salvação, que repetimos sem lhe dar peso, como se fosse apenas um clichê: "O Senhor prometeu-nos a salvação eterna, a vida bem-aventurada e sem-fim em companhia dos anjos, a herança imperecível, a glória eterna, a doçura de sua face, sua morada de santidade nos céus e, pela ressurreição dos mortos, a exclusão total do medo da morte. ... Deus prometeu a homens a divindade, a mortais a imortalidade, a pecadores a justificação, a criaturas desprezíveis a glorificação".

Promessa, nota ele, que poderia até parecer inacreditável. Tão inacreditável que, para nos convencer, deu-nos seu Único Filho como garantia do que prometia e caminho para a conseguirmos. Assumindo nosso modo humano de ser, o Filho é prova do amor com que o Pai nos ama e, ao mesmo tempo, mostra que ele nos quer conquistar não pelo poder, mas pelo amor e pelo afeto. De maneira que assim, diz Agostinho, aprendêssemos "a amar a Deus, e não mais temê-lo, a honrá-lo por amor e não por medo".

E de tal modo os homens foram conquistados que, "cheios de afeto, começaram a desejar ver a Deus com seus olhos de carne. Deus, que o mundo não pode conter, como o olhar limitado do homem o abrangeria?" Loucura ou ilusão? Para dizer a verdade, sim. Mas, "o que deve ser, o que é possível, não é a regra do amor". O amor ignora leis, não tem regra, desconhece medida. O amor não admite o pretexto de impossibilidade, não aceita o da dificuldade.

O amor, se não alcança seus desejos, chega a matar o que ama; vai para onde é atraído, e não para onde deve ir. O amor gera o desejo, cresce com ardor e pretende o impossível. E que mais?

O amor não pode deixar de ver o que ama. Por isso todos os santos consideravam pouca coisa toda recompensa, enquanto não vissem a Deus.

Se a encarnação é resultado do "amor louco" de Deus, o Natal bem entendido só nos pode levar a esse amor que "ignora leis, não tem regra, desconhece medida", e, ao mesmo tempo, é por agora resposta aos anseios do amor, que não se aquieta, se não vir a Deus.

# 20
# À sombra das casuarinas

No cemitério, havia casuarinas que choravam ao soprar do vento, ao mesmo tempo leves e solenes, e também ciprestes hieráticos e quase fúnebres, com seu verde forte contrastando com o azul lavado do céu. As imagens da infância continuam para sempre, por isso ainda hoje o Dia de Finados faz-me lembrar alamedas de casuarinas e ciprestes dividindo o amplo campo santo, onde ficaram apenas lembranças dos que se foram, mas não se finaram. Lembranças que duram até onde alcança a memória humana, que não dura tanto, pois dura apenas enquanto duramos nós.

Pois bem, enquanto dura a memória que somos, Finados faz-me lembrar muita gente, tanta gente que foi importante para mim, que me marcou, formou e amou, que me deu sua amizade e seu apoio. Pessoas sem as quais não seria o que sou, e algumas sem as quais eu nem seria. Continuam vivas em mim, em minhas lembranças e no que faço. Bem que os antigos, filósofos e piedosos, consolavam-se da morte com a esperança de serem lembrados, de continuarem de algum modo na saudade do futuro. Não era muito, mas já era alguma coisa.

Nós, cristãos – e outros mais –, sabemos que depois da morte não nos resta apenas a sobrevida na saudade dos que nos amaram. Nem nos espera apenas o sono cinzento na morada dos mortos. Cremos em Cristo, cremos que, unidos a ele, viveremos para sempre; jamais seremos finados ou mortos. Cremos que a morte não será fim e esquecimento, mas passagem, desabrochar para a vida plena que sempre sonhamos, que desejamos tanto ao experimentar a precariedade dos dias de agora. Essa esperança certa, que nos anima, também ilumina a saudade que temos dos que se foram. Não se finaram, não se acabaram, estão apenas mais adiante, além da curva da estrada da vida, para além do horizonte até onde nosso olhar não chega.

Se isso cremos e esperamos, então as casuarinas do cemitério não choram, mas assobiam como assobiam os garotos que têm a vida toda pela frente. Os ciprestes, também eles deixam de ser hieráticos e fúnebres, são flexíveis como a dança da vida, são flechas apontando o futuro.

# 21
# Armadilhas do poder

Folheando de novo as páginas do Antigo Testamento, achei, no primeiro livro de Samuel, uma passagem, no capítulo oitavo, que me fez parar. O velho profeta estava sendo pressionado pelos desejos do povo, que queria uma organização política como a de outros povos. Disse, então, o seguinte, que talvez seja oportuno recordar: "Este é o direito do rei que reinará sobre vós. Ele convocará vossos filhos e os encarregará de seus carros de guerra, e de seus cavalos, e os fará correr à frente de seu carro. E os nomeará chefes de mil e chefes de cinquenta, e os fará lavrar a terra dele, e colher sua colheita, fabricar suas armas de guerra e as peças de seus carros. Ele tomará vossas filhas para perfumistas, cozinheiras e confeiteiras. Tomará vossos campos e vossas vinhas, vossas melhores plantações de oliveiras, e os dará a seus oficiais. Cobrará o dízimo de vossas culturas e de vossas vinhas, e o destinará a seus eunucos e a seus oficiais. Tomará para seu serviço os melhores de vossos servos e servas. Exigirá o dízimo de vossos rebanhos, e vós mesmos vos tornareis escravos dele. Então, naquele dia, reclamareis contra o rei que vós mesmos tiverdes escolhido. Mas Javé não vos responderá naquele dia".

O povo, porém, recusou-se a dar atenção às palavras de Samuel e disse: "Não. Mas teremos um rei e seremos, nós também, como as outras nações: nosso rei nos julgará, irá a nossa frente e fará nossas guerras". Então Deus disse a Samuel: "Faça a vontade deles e arranje para eles um rei".

Não vou discutir agora a exegese desse texto. Talvez não estejamos diante de palavras realmente de Samuel, o velho profeta e guia do povo, que ainda não tinha organizado para si um estado. Na pior das hipóteses, estamos diante de palavras que refletem a amarga experiência popular. E, para dizer a verdade, não sei se todos os povos, uns mais outros menos, quase todos mais, não poderiam fazer as mesmas lamentações.

Não estou querendo dizer que qualquer organização política, qualquer governo seja necessariamente opressor. Seria ingenuidade imaginar que possamos viver socialmente sem uma organização de governo. Como seria redonda má-fé pretender que todo poder seja por si mesmo mau.

Queria apenas lembrar também uma palavra de Cristo. Está no capítulo 20 de Mateus: "Sabeis que os soberanos das nações as dominam e os grandes as tiranizam. Entre vós não deverá ser assim. Ao contrário: aquele que quiser tornar-se grande entre vós seja aquele que presta serviço, e aquele que quiser ser o primeiro dentre vós, seja vosso servo". Talvez aí esteja a solução.

# 22
# Os bem-aventurados que faltam

Não é preciso muita acuidade para perceber que um dos males principais de nosso tempo, e possivelmente de todos os tempos, é a discórdia entre as pessoas, as famílias e os povos. Em sua forma aguda, manifesta-se nas guerras, atentados e todas as formas de violência. Em sua forma endêmica, envenena tristemente o relacionamento nos diversos níveis. A discórdia, em suas diversas formas, destrói, enfraquece a fraternidade. Ou melhor: a discórdia existe na medida em que deixa de existir a fraternidade. Nada mais oportuno, pois, que a reconciliação.

Não será novidade dizer que a reconciliação entre as pessoas somente será possível se houver uma volta, uma reconciliação com Deus. O amor e a paz não estão a nosso alcance, como se fossem coisas nossas. São dons que nos vêm do Senhor, frutos de nossa participação em sua própria vida divina. Em linguagem tradicional, podemos dizer: a reconciliação é graça, é caminho para a graça, é consequência de nossa vida em graça. Pena que essa verdade ande tão esquecida por tantos que pregam a reconciliação, o congraçamento, a paz e a fraternidade. Reconciliação é volta ao amor. Exatamente por isso não poderá existir enquanto não nos reencontrarmos na verdade, no bem e na justiça. Supõe e exige o desarmamento dos espíritos, a ausência de preconceitos, o abandono do egoísmo e da vontade de dominar.

A reconciliação é objetivo a ser procurado sempre, pois que, a fraternidade, jamais a conseguiremos em sua forma plena e definitiva nas precárias condições em que se desenvolve a história humana. Quando mais não fosse, nossa própria volubilidade exige contínua conversão para o amor compreensivo. Reconciliar e reconciliar-se. Saber perdoar e ser perdoado. Facilitar o reencontro entre os irmãos separados, sem jamais fomentar, de modo algum, a discórdia. Em seu evangelho, Cristo proclama felizes, bem-aventurados os que trabalham pela paz, os que a constroem. São os bem-aventurados que estão faltando em nosso mundo.

## 23
# "Brincando de Deus"

Esse é o título da matéria na revista, não sei se de deslumbramento, de ligeira ironia ou de disfarçada blasfêmia. O texto diz que "cientista transforma uma bactéria em outra. É o primeiro passo em direção à biologia sintética, a criação de novas formas de vida em laboratório". Continua dizendo que o cientista está quase a ponto de criar um ser vivo artificial. A ilustração, montagem fotográfica de quase meia página, mostra o cientista com ares de demiurgo, tendo uma representação de células a pairar sobre a mão, estendida em um gesto criador.

Mais adiante, o feito ganha proporções mais modestas. Não se trata de criação de um novo ser vivo, mas apenas de "transformar uma espécie de bactéria em outra", transportando todo o DNA de um organismo para outro. Bactéria, aliás, das mais simples biologicamente. Não vem ao caso entrar em pormenores. Sem negar a importância do feito, eu queria apenas dizer que a história me lembrou uma anedota lida em alguma revista muito tempo atrás. Era mais ou menos assim:

Um cientista confiante apresentou-se para desafiar o Criador:

– Senhor, afinal posso competir contigo. Posso criar um ser humano a partir do simples barro.

O Criador, paciente como sempre, concordou:

– Tudo bem. Vamos começar.

O cientista todo lampeiro:

– Pois não, Senhor, mas onde está o barro para a gente começar?

Um sorriso leve nos lábios do Criador marcou suas palavras cheias de uma mansidão infinita:

– É... Aí é que está a dificuldade. Encontrar o barro com o qual começar.

# 24
# Cercas de azaleia

Outro dia, procurando encontrar uma explicação para o que anda acontecendo em nossa sociedade, lembrei-me de uma passagem da carta de Paulo aos romanos. Inicialmente, o apóstolo diz que os homens, mesmo antes de ter ouvido o anúncio da revelação, já podiam ter o conhecimento de Deus e da lei moral, pelo menos o suficiente para não terem desculpas para seus descaminhos. Por não terem dado ouvidos à voz de sua razão e de sua consciência, chegaram à depravação. Dessa depravação, Paulo traça um quadro sombrio, que termina com o texto marcante: "Como não fizeram caso do verdadeiro conhecimento de Deus, entregou-os Deus a sentimentos depravados. Por isso, procederam indignamente. Estão repletos de toda espécie de injustiça, malícia, cobiça e perversidade. Cheios de inveja, homicídio, discórdia, dolo e malignidade. São difamadores, caluniadores, inimigos de Deus, insolentes, soberbos, presunçosos, inventores de iniquidades, rebeldes aos pais, insensatos e inconstantes, sem amor nem compaixão".

E agora o versículo ainda mais duro: "Apesar de conhecerem o juízo de Deus, que considera dignos de morte os que praticam essas coisas, eles não somente as fazem, como também aplaudem os que as cometem".

Temos de parar um pouco e refletir: merecem condenação de Deus não só os que fazem essas coisas, mas também os que aplaudem os que as cometem. Pensando bem, talvez mais culpado do que quem erra seja quem aplaude, apoia, glorifica, exalta quem comete o mal. Quem o aponta como modelo, quem o apresenta de modo tão romântico e simpático que o faz quase invejado. Quem o bajula como homem de sociedade, quem realça seus sucessos. Quem inventa nomes bonitos e não constrangedores para suas aventuras e seus trambiques, que, em linguagem crua, todos chamariam de outra maneira. Como se fosse má-educação e grosseria usar velhas palavras, tão velhas quanto nossas sem-vergonhices.

E com isso voltamos a um velho tema. Se nossa sociedade cultiva carinhosa e descaradamente o permissivismo mais completo, se não aceita normas morais acima das convenções sociais, deve estar disposta a aguentar as consequências. O mal não pode ser tratado como um pequeno animal de estimação.

Mimado, adulado, acalentado, infalivelmente acaba mostrando sua verdadeira natureza de fera: sem leis nem barreiras. Derrubada a lei moral, de nada adiantam as convenções sociais. São mais frágeis que cerca viva de azaleias.

# 25
# Cordialidade à prova de água

A chuva cai tranquila, de um céu que se enrosca quase na ponta dos postes. Cheguei à janela e estou olhando a rua, lavada e cheia de poças. Você sabe como é, quando ficamos simplesmente olhando a chuva, sem pensar, em uma despretensão total. Pois é assim que, olhando a chuva pela janela, chego a uma convicção: o brasileiro é um cara pacífico, amigo, cordial. Onde foi mesmo que ouvi isso pela primeira vez? Nem sei.

Onde a rua apresenta uma depressão, formou-se um espelho espesso de água, procurando um bueiro para fugir. Só depois de algum tempo a olhar para os reflexos da água é que começo a notar os carros que passam. Vidros fechados, lataria molhada a escorrer, insensíveis como carapaças pré-históricas, ou armaduras ou blindados de guerreiros donos do mundo. Passam velozes, soberanos. Passando fazem erguer-se duas asas de água, que se abrem até alcançar as calçadas. Um belo efeito visual e sonoro: zzzzit... plaft... Amedrontados, nas calçadas, os pedestres espremem-se contra as paredes, humilhados, conformados, desprotegidos, molhados. Apressam o passo. Um carro, outro, mais outro, e a mesma asa de água continua, insensível, fria, a persegui-los.

O brasileiro é um cara pacífico, amigo, cordial... menos quando está na direção de um carro, ou quando vai para uma festa e não escolhe onde estacionar. Ou quando está no meio de um bando que o encobre com o anonimato. O brasileiro é um cara cordial... só de vez em quando é que, protegido pela noite, sai a pichar paredes alheias. Cordial, muito cordial, a menos que prefira furar uma fila ou desafogar seus complexos pelos escapamentos abertos de uma moto.

Na rua, os carros continuam correndo zzzzit... plaft... Pelas calçadas continuam fugindo os pedestres acossados. O brasileiro é um cara pacífico. Só não tem paciência para esperar o sinal verde. Pacífico, mas apressado, sem tempo para respeitar uma contramão e fazer um quarteirão a mais. Deve ter uma específica deficiência visual que lhe impede ver o branco no preto da faixa para pedestres, ou aquelas letras enormes do "Pare" escritas no asfalto. A chuva caindo, os carros passando, a água voando. Na esquina, uma senhora de idade, uma criança, um rapaz, tensos pela aventura louca de chegar vivos à calçada do outro lado. Ainda bem que o brasileiro é cara amigo, cordial, pelo menos quando se lembra.

# 26
# Deus Pai Misericordioso

"Deus, que é rico em misericórdia", assim João Paulo II começou sua encíclica. Deus é misericordioso e nos quer felizes. Essa poderia ser a síntese da mensagem de Cristo. Completada por uma outra de suas frases: "Felizes os misericordiosos, porque eles alcançarão misericórdia". Isso basta para nos fazer compreender que não chegamos a captar o cerne do Evangelho enquanto não virmos Deus como Pai misericordioso. Basta para saber que não podemos crer e viver na misericórdia do Pai enquanto nós mesmos não formos misericordiosos.

Mas, que é ser misericordioso, que é misericórdia? João Paulo II explica-o longamente, a partir do Antigo Testamento, a partir da experiência do povo judeu. Foi em um longo processo, cheio de altos e baixos, alegrias e tribulações que o povo escolhido chegou à ideia de um Deus misericordioso, por meio da experiência vivida e refletida. Não através de raciocínios metafísicos. Foi experimentando como Deus o salvava e como estava sempre pronto a perdoar, sempre que voltava contrito dos caminhos da infidelidade. E procurou, no comportamento humano, comparações que o ajudassem a dizer alguma coisa sobre Deus misericordioso. Sentindo a fraqueza das palavras, usou muitas para dizer a mesma coisa. Percorrendo o Antigo Testamento, poderemos ver que Deus é misericordioso porque tem uma capacidade imensa de perdoar, imensamente maior que todas as nossas maldades. Misericórdia é perdoar por amor, por amar gratuitamente. A misericórdia nasce de um amor fiel, que não se deixa abater pelas infidelidades da pessoa amada. Misericordioso era Javé, que considerava e amava seu povo como quem ama a esposa, mesmo quando se faz adúltera. Que amava o povo como um pai ama seu filho, e não o renega apesar de tudo. No livro do Êxodo, encontramos a frase em que Deus se apresenta como um "Deus compassivo e misericordioso, lento para a cólera, e cheio de bondade e de fidelidade". (34,6) Misericórdia é compaixão. É bondade fiel. Deus é misericordioso com a misericórdia que é amor de mãe, que vem do útero, feito de paciência, de ternura, amor pronto sempre a socorrer e salvar. Toda essa riqueza do Antigo Testamento é retomada e aprofundada por Jesus. Bastaria lembrar a parábola do filho pródigo, ou melhor, do pai misericordioso.

Nesse ponto, interrompi a leitura da carta de João Paulo II e perguntei-me se não estamos precisando exatamente disto: lembrar-nos de que Deus é misericordioso. E, para dizer a verdade, basta olhar para nossa vida, para nossa própria experiência, e teremos também de reconhecer: Deus é compassivo e misericordioso, lento para a cólera e cheio de bondade e de fidelidade. Cada um de nós que o diga.

# 27
# Era preciso fazê-lo menor

Vamos voltar lá para o ano 28 d.C., mais ou menos isso. Você, antes do café da manhã, recebe a "Gazeta de Jerusalém". O cabeçalho teima em dizer que é um diário independente. Mas ninguém o leva muito a sério. Você vai folheando-o para ler, enquanto passa manteiga no pão:

"Nosso repórter foi ouvir o profeta que apareceu nas barrancas do Jordão. Magro, vestido de peles, hirsuto. É João que dizem ter nascido em Ain-Karim, a seis quilômetros de Jerusalém. É grande a multidão que vai ouvir sua pregação. Ele é violento. Gente importante, do partido dos fariseus e saduceus, ficou revoltada ao ouvi-lo bradar: 'Raça de víboras, quem vos ensinou a fugir da ira que está para vir?' Apareceram também alguns coletores de impostos, funcionários do fisco e tiveram de escutar: 'Vocês não devem cobrar mais do que o estabelecido em lei'. Com os soldados ele não foi mais educado: 'Vocês não devem extorquir dinheiro de ninguém, não façam acusações falsas. Contentem-se com seu soldo'.

Não é preciso muita esperteza para perceber o conteúdo político da mensagem desse profeta desabusado: é evidente que não está de acordo com a situação e vai acabar provocando descontentamento entre o povo ignorante. Já é mais do que tempo de as autoridades fazê-lo entender que não deve falar de outros assuntos que não sejam espirituais. E o pior é que, em volta dele, já se está formando uma perigosa comunidade".

Você termina seu café e vai trabalhar. Algum tempo depois, novamente bebendo com o café as informações da "Gazeta de Jerusalém", você fica sabendo o fim da história do profeta João. Você lê na coluna dedicada à televisão: "Bem feito! João pagou o que andou dizendo contra a novela 'Herodes e Herodíades', que anda tendo a maior audiência. João, esse profeta quadrado, deslocado nos novos tempos em que estamos vivendo, imagine só, andou dizendo claramente para Herodes: 'Não te é lícito ficar com a mulher de teu irmão!' Como se ainda estivéssemos vivendo no tempo de Moisés. Será que esse profeta não sabe que isso de casamento já era? Agora é ir morar junto e pronto! Esse profeta gagá não tinha nada de querer proteger a moral familiar. Devia era ficar na sacristia".

Saindo para a rua, você tem mais detalhes. A cabeça de João, levada em uma bandeja, foi o troféu da bailarina Salomé. A estatura de João, o Batista, era grande demais para caber no mundo. Acharam que, sem cabeça, talvez ficasse menor, pequeno o bastante para não incomodar. E principalmente não falar.

# 28
# Escolha bem os tomates

Sempre que conversamos sobre os meios de comunicação social, principalmente rádio e tv, e procuramos analisar por que os programas apresentados são o que são, geralmente, encontramos duas explicações: o gosto do público e a necessidade do lucro. O público gostaria de novelas e programas exatamente como são apresentados, e não adiantaria tentar oferecer coisa melhor, mais limpa, mais construtiva. E muitos dirigentes de emissoras declaram que não estão interessados em divulgar ideias e concepções de vida, mas apenas agradar, conquistar e garantir a audiência. Esse seria o único meio para garantir a publicidade e, consequentemente, o lucro da empresa.

Geralmente nossa análise termina por aí. Pessoalmente não estou contente com a explicação. Em primeiro lugar, porque não acredito que o público, pelo menos a maioria dele, esteja satisfeito com que lhe oferecem. Não acredito que o mau gosto seja doença geral, nem que a maioria das pessoas esteja interessada apenas nos aspectos menos limpos e nobres da vida. Em segundo lugar, não acredito que só a programação atual possa conseguir patrocinadores, pois uma programação cem por cento honesta e de qualidade teria sempre a aceitação da maioria do público e atenderia, portanto, aos objetivos dos patrocinadores. Em terceiro lugar, não acredito que alguém possa ter em mãos meios de comunicação social e, ao mesmo tempo, não esteja realmente interessado em comunicar ideias, defender pontos de vista, propagar determinada visão da vida e do destino do homem.

Querer apresentar os meios de comunicação, principalmente rádio e tv, como simples veículos de distração e informação superficial, parece-me uma tática muito hábil para mascarar o real objetivo dos responsáveis por esses meios.

Se estou certo, há uma razão muito séria e profunda para explicar por que os programas são o que estão sendo. Tenho certeza de que os responsáveis pelos meios de comunicação estão interessados em conseguir objetivos muito claros e definidos. Sabem perfeitamente o que querem em termos de política, de organização social e econômica. Têm uma determinada ideia sobre a família, o casamento, o sexo, o comportamento humano em geral. E a serviço desses objetivos colocam toda a força dos meios de comunicação que eles têm a seu dispor.

Há um objetivo claro e definido por detrás de cada noticioso, de cada reportagem, de cada novela. Há um objetivo claro e definido por detrás de uma página na internet e, até mesmo, da seleção musical em um programa de rádio. Não vamos ser ingênuos acreditando que sejam ingênuos os comunicadores.

Moral da história: leia, veja, escute, mas sempre atento para julgar o que lhe está sendo apresentado. Tenha, pelo menos, o mesmo cuidado que tem ao escolher tomates na feira.

# 29
# Eucaristia no segundo século

Há textos aos quais pouco ou nada se pode acrescentar, principalmente textos antigos, dos primeiros tempos do cristianismo. É verdade que são quase desconhecidos por nós, que geralmente damos maior importância às novidades.

Deixo para sua consideração um texto de Justino, cristão das primeiras horas. Desiludido com as escolas filosóficas do tempo, convertera-se ao cristianismo ao ver a coragem dos que morriam por essa fé. Colocou seu preparo intelectual a serviço da defesa do evangelho, deixando três textos de apologia da fé cristã. Morreu em Roma, no ano 165, decapitado com mais seis companheiros cristãos.

Assim Justino fala sobre a eucaristia no segundo século da era cristã:

"A ninguém é permitido participar da Eucaristia, a não ser que creia na verdade do que ensinamos, tenha sido purificado pelo batismo para a remissão dos pecados e a regeneração e viva como Cristo ensinou, pois não tomamos esse alimento como pão comum ou como bebida comum.

Do mesmo modo que, pela Palavra de Deus, Jesus Cristo, nosso salvador, encarnou-se e assumiu carne e sangue por nossa salvação, também nos foi ensinado que o alimento consagrado, mediante a oração que contém suas próprias palavras – alimento do qual nossa carne e nosso sangue se nutrem para sermos transformados –, é o corpo e o sangue de Jesus, que se encarnou.

Os apóstolos, em suas memórias, que chamamos de evangelhos, transmitiram-nos a recomendação que lhes fizera Jesus: tendo ele tomado o pão e dado graças, disse: 'Fazei isto em memória de mim. Isto é meu corpo'; e tomando igualmente o cálice e dando graças, disse: 'Este é meu sangue', e os deu somente a eles. Desde então, não cessamos de recordar essas coisas entre nós.

Com o que possuímos, socorremos a todos os necessitados e estamos sempre unidos uns aos outros. E, por todas as coisas de que nos alimentamos, bendizemos o criador de tudo, por seu Filho Jesus Cristo e pelo Espírito Santo.

E no dia chamado do Sol (nosso Domingo), reúnem-se em um mesmo lugar todos os que moram nas cidades ou nos campos. Leem-se as memórias dos apóstolos, ou os escritos dos profetas, enquanto o tempo o permite. Em seguida, ao terminar a leitura, aquele que preside toma a palavra para exortar e estimular a imitação de coisas tão belas. Depois, levantamo-nos todos juntos e recitamos orações. Como já dissemos acima, ao acabarmos de rezar, apresentam pão, vinho e água, e o que preside eleva ao céu, conforme seu poder, orações e ações de graças, e o povo diz a aclamação: Amém. Em seguida, faz-se entre os presentes a distribuição e a partilha dos alimentos consagrados, que são também enviados aos ausentes por intermédio dos diáconos. Os ricos que o desejam dão, a seu arbítrio, o que lhes agrada. O que se recolhe é colocado à disposição do que preside, e este socorre os órfãos, as viúvas, aqueles que, por doença ou outro motivo qualquer, se acham em dificuldade, os prisioneiros e os peregrinos; em uma palavra, cuida de todos os necessitados.

Reunimo-nos todos no dia do Sol, visto ser ele o primeiro dia, no qual Deus, mudando as trevas e a matéria, criou o mundo, e porque neste mesmo dia Jesus Cristo Salvador ressuscitou dos mortos. Com efeito, um dia antes do de Saturno (nosso sábado), crucificaram-no e no dia seguinte a este, isto é, no dia do Sol, apareceu a seus apóstolos e discípulos e ensinou-lhes essas coisas que propus a vossa consideração" (Primeira Apologia, cap. 66-67).

# 30
# Família, comunhão e participação

Já em 1979, os bispos latino-americanos, reunidos em Puebla, no México, diziam que a família é uma força, quase a mais fundamental, para o desenvolvimento da comunhão e da participação. Comunhão é a união de todos com Deus e de todos entre si, união no amor que tem consequências práticas em todos os setores da vida humana, até mesmo na economia e na política. Participação é ter parte na vida divina que o Cristo nos trouxe, mas, ao mesmo tempo, ter parte em todos os bens, também culturais e materiais, que foram dados à família humana como patrimônio comum. Resumidamente, podemos dizer que a família é o primeiro ambiente onde podemos receber o amor e aprender a amar. É exatamente isso que nos deve preocupar, quando percebemos que família está encontrando grandes dificuldades no desempenho dessa função primordial. Dificuldades que para muitas famílias estão nas condições materiais de vida: pobreza ou até miséria, falta de condições de saúde, analfabetismo, falta de casas para morar, falta de alimentação, desemprego, exploração econômica e política, salários baixos, falta de escolas etc. Em uma palavra: para grande número de famílias faltam as condições materiais e sociais mínimas para que possam ser, de fato, lares onde se viva o amor. E, pior ainda, são grandes os tropeços de ordem moral que atingem mesmo as famílias mais bem situadas economicamente. Como escreveram os bispos em Puebla: "A família é vítima dos que convertem em ídolos, em falsos deuses, o poder, a riqueza e o sexo. Para isso contribuem as estruturas injustas, sobretudo os meios de comunicação, não só com suas mensagens de sexo, lucro, violência, poder, ostentação, mas também pondo em destaque elementos que contribuem para propagar o divórcio, a infidelidade conjugal e o aborto ou a aceitação do amor livre e das relações pré-matrimoniais" (Puebla 573). "Em todos os níveis sociais, a família também sofre o impacto deletério da pornografia, do alcoolismo, das drogas, da prostituição (e tráfico de brancas), do problema das mães solteiras e das crianças abandonadas."

Minha intenção não é traçar um quadro completo dos problemas enfrentados pelas famílias. Só isso, em todo caso, basta para nos preocupar. Se acreditamos na importância da família na formação de todos para o amor e a convivência fraterna, então vemos logo o quanto temos a fazer. É isso. Fazer. E não apenas lamentar, e não apenas apontar culpados.

# 31

# Os Redentoristas

Peço licença para falar um pouco de minha família, que já tem um pouco de história. Peço licença para falar de minha família redentorista, da Congregação dos Missionários Redentoristas. Afinal, até que fazemos um pouco parte da história do Brasil e da Igreja no Brasil.

No dia 9 de novembro de 1732, começou nossa família, hoje espalhada pelo mundo inteiro. Começou na pequena cidade de Scala, na morraria que olha o mar azul de Amalfi, no sul da Itália. Por ali andou um padre jovem, chamado Afonso de Ligório. Tinha ido para descansar um pouco e recuperar a saúde quase perdida no apostolado que andava fazendo entre os pobres e os ricos de Nápoles. Foi para descansar e acabou descobrindo mais trabalho. Ficou impressionado com o abandono em que viviam ali, pelos morros, os pastores de cabras e ovelhas; na ignorância e na pobreza, esquecidos pelo governo e também pela Igreja. Procurou ajudá-los anunciando-lhes o Evangelho.

Voltando para Nápoles, não se esqueceu dos cabreiros da serra e, mais inda, passou a se preocupar com todos os outros, todo aquele povo simples espalhado pelas roças e aldeias, sem ninguém que se preocupasse em levar-lhe o anúncio da salvação. Foi isso principalmente que levou padre Afonso a imaginar um grupo de padres e de leigos dispostos a deixar tudo para trabalhar com os pobres, com os mais esquecidos e abandonados. Conseguiu juntar alguns companheiros.

No dia 9 de novembro de 1732 estavam reunidos em Scala. Durante a missa solene, assumiram um compromisso de vida. Nascia a Congregação Redentorista. Os primeiros tempos não foram fáceis, nem foi fácil o que veio depois durante esses tantos anos. O certo é que padre Afonso e seus companheiros logo começaram a percorrer, a pé ou a cavalo, todas as estradas da região. Pregavam em pequenas cidades, vilas e povoados. Dos primeiros companheiros, alguns foram desistindo, mas outros, muitos outros foram chegando. Seria muito longo ir contando toda essa história.

Depois de Afonso, o fundador, veio outro santo, o Clemente Hofbauer, de personalidade forte, que espalhou os redentoristas pelo mundo, em um tempo difícil de muitas perseguições. E foi em parte por causa de outra perseguição que redentoristas da Alemanha acabaram chegando a Aparecida e a Campininhas de Goiás. Vieram juntar-se aos redentoristas da Holanda que há um ano já labutavam por aqui. Muitos anos depois vieram os dos EE. UU., da Bélgica, da Irlanda, da Polônia... A família cresceu por aqui, onde agora somos mais de quinhentos, espalhados por todo o Brasil.

# 32
# O "grilo falante" de todos nós

Se você tem um pouco mais de idade, certamente ainda se lembra daquele filme de Walt Disney, "Pinóquio". Naquele mundo de figuras que ganham vida pela imaginação do artista, tem lugar de destaque o "Grilo Falante": a personificação da consciência do boneco-menino. É um grilo incômodo, sempre vigilante, sempre a dizer o que é certo e o que é errado, sempre a cobrar as decisões tomadas levianamente. Mais de uma vez, Pinóquio tenta fazê-lo calar-se.

A imagem foi muito bem escolhida. Você alguma vez já tentou localizar um grilo impertinente, que parece estar em todos os cantos ao mesmo tempo? Já tentou fazê-lo interromper sua irritante serenata? Talvez possamos encontrar imagens mais sublimes para a consciência moral. Mas não sei se haveria alguma mais plástica.

Todos nós, por experiência, já conhecemos muito bem o "grilo falante" que habita em nós. Sabemos quanto é exigente, inoportuno, impertinente, teimoso e intransigente. Nossa consciência é nosso juiz, mesmo quando todos os outros fazem em nosso favor o papel de advogados de defesa. Sempre exige de nós o bem e a justiça, a menos que consigamos desvirtuá-la.

Por incrível que pareça, até isso conseguimos fazer: tirá-la de sintonia, obscurecer sua luz, baralhar seus julgamentos, enfraquecer sua voz. Outros ajudam-nos gostosamente na tarefa. Há muito tempo que se repete: "O que é repetido muitas vezes acaba sendo aceito como verdade". É a pura verdade: se não soubermos filtrar a torrente de opiniões morais que despejam sobre nós, nossa consciência acabará falseada. Acabamos iludindo-nos com falsos valores apresentados em sedutoras embalagens.

Temos de estar atentos e exercer um criterioso julgamento para que não acabemos pensando e julgando com a cabeça vazia de falsos mestres do momento. E mais: nossa consciência não processa dados frios e abstratos. O julgamento de nossa consciência é de consequências práticas, que interferem profundamente em nossa vida, que exigem de nossa parte disponibilidade e sinceridade. Exigem coragem. Se recusarmos continuamente seus julgamentos, acabaremos falseando sua voz, transformando-a em simples eco mentiroso de nossos caprichos. O "Grilo Falante" estará morto ou, pelo menos, emudecido.

# 33
# O ser e o fazer

Estava lendo alguma coisa sobre Mestre Eckhart (1260-1327), frade dominicano, mestre espiritual e místico da Idade Média. Parei diante de uma frase sua: "não são nossas obras que nos santificam; nós é que devemos santificar nossas boas obras". Voltei a ler o que estava logo antes: "As pessoas não deveriam pensar tanto no que devem fazer; deveriam pensar mais sobre o que devem ser. Se simplesmente forem boas, suas obras brilharão com grande fulgor".

Primeiro concordei com o mestre que, de fato, geralmente nos preocupamos muito em fazer, ainda que seja fazer boas obras. E com isso nos atiramos em um turbilhão de inúmeros compromissos, sempre mais numerosos, correndo contra o tempo, fazendo tanto que nem temos tempo de viver. E importante é o viver, o ser, não o fazer. Depois concordei também com a segunda afirmação: "nós é que devemos santificar nossas boas obras". É, aliás, o que dizia também

São Paulo: somos salvos, somos pessoas realizadas, não pelo que fazemos, mas pelo nosso modo de ser em relação a Deus.

Nada do que fizermos, nenhuma boa obra, por melhor que seja, poderia colocar-nos no correto relacionamento com Deus. Adotados por ele como filhos, participantes de sua vida divina, é que podemos agir bem, é que podemos fazer santas todas as nossas ações, não apenas as que consideramos boas e piedosas. É o mesmo que Jesus ensina com outras palavras (Lc 11,34): "A lâmpada do corpo é o olho. Quando o olho é sadio, o corpo inteiro também fica iluminado. Mas, se ele está doente, o corpo também fica na escuridão. Portanto, veja bem se a luz que está em você não é escuridão. Se o seu corpo inteiro é luminoso, não tendo nenhuma parte escura, ele ficará todo luminoso, como quando a lâmpada com seu clarão ilumina você".

Se vivermos, e vivermos intensamente, nossas obras todas serão geradoras de vida. Unidos a Cristo, somos salvadores, não na medida de nossas obras, mas na medida de nossa vida em união com ele. Marta fazia, Maria vivia. E Jesus disse que esta escolheu a melhor parte.

A marca FSC® é a garantia de que a madeira utilizada na fabricação do papel deste livro provém de florestas que foram gerenciadas de maneira ambientalmente correta, socialmente justa e economicamente viável.

Este livro foi composto com as famílias tipográficas Garamond Pro, Segoe UI, Bell MT e Humilde e impresso em papel Offset 75g/m² pela **Gráfica Santuário.**